# Peut-on faire le bonheur de ses enfants ?

Dans la même collection
dirigée par Alain Houziaux

*Comment accepter de vieillir ?* P.-L. Assoun, J.-D. Bredin, M. de Hennezel, septembre 2003.

*A-t-on encore besoin d'une religion ?* A. Comte-Sponville, B. Feillet, A. Rémond, septembre 2003.

*Suis-je responsable de mes échecs ?* G. Israël, D. Sibony, P. Valadier, septembre 2003.

Le contenu de ces ouvrages prend sa source dans un cycle de conférences qui ont été organisées par le pasteur Alain Houziaux d'octobre à décembre 2002 au Temple de l'Église réformée de l'Étoile, 54, avenue de la Grande-Armée dans le XVIIe arrondissement de Paris.

---


*Imprimé en France* *Printed in France*
ISBN 2-7082-3696-2

Pauline Bebe
Caroline Eliacheff
Pierre Lassus

# Peut-on faire le bonheur de ses enfants ?

Sous la direction d'Alain Houziaux

LES EDITIONS DE L'ATELIER
Les Editions Ouvrières
12 avenue Sœur Rosalie
75013 Paris

## Présentation des auteurs

Pauline Bebe est rabbin de la Communauté juive libérale d'Ile-de-France. Elle est l'auteur de *Le judaïsme libéral* (Grancher, 1993) et de *Isha, dictionnaire des femmes et du judaïsme* (Calmann-Lévy, 2001).

Caroline Eliacheff est pédopsychiatre et psychanalyste. Elle est l'auteur notamment de *Vies privées, de l'enfant roi à l'enfant victime* (Odile Jacob, 1997) et de *Mères-filles, une relation à trois*, avec Nathalie Heinich (Albin Michel, 2002).

Alain Houziaux est pasteur à l'Église réformée de l'Étoile, docteur en théologie, docteur en philosophie.

Pierre Lassus est psychotérapeute et directeur de la revue *Vues d'en face*. Il est l'auteur notamment de *Être parents au risque de l'Évangile* (Albin Michel, 1999) et *Maltraitances* (Stock, 2001).

# INTRODUCTION

**par Alain Houziaux**

Peut-on faire le bonheur de ses enfants ? Qui ne voudrait répondre d'emblée par l'affirmative à cette interrogation ? Quel parent oserait soutenir qu'il ne veut pas le bonheur de ses enfants ? Cependant, l'apparente évidence de la réponse mérite examen. De quel bonheur s'agit-il en effet ? Peut-on le résumer à la fabrication d'un cocon idéal où évolueraient des enfants protégés des aléas de l'existence ? Ou faut-il plutôt symboliser ce bonheur par la référence au verset biblique : « L'homme quittera son père et sa mère pour s'attacher à sa femme » (Gn 2, 24) ?

Cette référence biblique a une évidente portée anthropologique qu'il importe d'expliciter : l'analyse de trois récits bibliques peut nous y aider. Il y est toujours question de relation entre enfants et parents : Adam et Ève avec Dieu qui représente ici la figure paternelle, Abraham avec son fils Isaac, Marie avec Jésus.

Ce détour par la Bible n'a évidemment pas pour but de fournir une quelconque recette qui résoudrait comme par magie le problème qui nous occupe mais il peut contribuer à aiguiser notre questionnement : peut-on faire le bonheur de ses enfants ?

## Dieu le Père et ses enfants

Examinons d'abord la signification du récit des chapitres 2 et 3 de la Genèse. Puisque Dieu est ici considéré comme un père, il peut être utile et instructif de voir comment il s'est comporté vis-à-vis de ses premiers enfants, Adam et Ève. De quelle manière les a-t-il « éduqués » ?

Au début de ce récit biblique, Adam et Ève sont dans le paradis un peu comme des jeunes enfants dans le cocon familial. Et à la fin du récit, ils sont chassés de ce paradis par leur « père ». En effet ils sont majeurs et autonomes, et considérés comme tels par Dieu lui-même. Comment s'est déroulée cette éducation ?

• Au début, Adam et Ève sont directement nourris par Dieu. Ils dépendent totalement de Lui. Ils n'ont vraisemblablement aucune sexualité. Ils n'ont pas besoin de vêtements personnels : ils vivent « dans les jupes de leur père ». Ce bon Dieu est vraiment pour eux un « papa-poule ». Et l'Arbre de vie qui permet aux enfants de se nourrir peut être considéré comme une sorte de cordon ombilical qui relie directement les enfants au « sein » de leur père.

Mais, à côté de l'Arbre de vie, Dieu plante aussi l'Arbre de la connaissance du bien et du mal. Et il profère un interdit : vous pouvez manger les fruits de tous les arbres mais pas du fruit de l'Arbre de la connaissance du bien et du mal. Il vous est interdit d'accéder à la « connaissance du bien et du mal ».

• Pourquoi Dieu a-t-il planté cet Arbre ? Et pourquoi cet interdit ? Il semblerait bien que, en interdisant à Adam et Ève de manger le fruit de l'Arbre de la connaissance, Dieu veuille en fait leur interdire de devenir majeurs, autonomes et indépendants en s'affranchissant de sa tutelle. En effet, la « connaissance du bien et du mal », le discernement, c'est la caractéristique de l'adulte. Et en mangeant le fruit de l'Arbre de la connaissance, Adam et Ève accèderaient donc au statut d'adulte [1].

Cette « connaissance », c'est aussi la sexualité, qui peut pleinement s'exprimer à l'âge adulte. En effet, « connaître », dans la

1. Cf. notre étude plus détaillée dans Alain Houziaux, *Le Tohu-bohu, le Serpent et le Bon Dieu*, Presses de la Renaissance, 1997.

Bible, a un sens sexuel. « Connaître » une femme, c'est « coucher » avec elle. De plus, on constate qu'Adam et Ève, dès qu'ils ont consommé le fruit de l'Arbre de la connaissance du bien et du mal découvrent la pudeur et deviennent aptes à concevoir.

La « connaissance du bien et du mal », c'est aussi la connaissance qui sait tout ; c'est la connaissance de la totalité de la vérité, puisque « ce qui est bien » et « ce qui est mal » représentent ensemble la totalité de ce qui existe. Cette connaissance totale et parfaite, c'est la connaissance de Dieu lui-même.

Ainsi, il semblerait que Dieu le Père, en interdisant à ses enfants l'accès à « la connaissance du bien et du mal » voudrait leur interdire de devenir des adultes.

Ainsi, Dieu serait, comme beaucoup de parents, un père qui refuserait de voir ses enfants grandir et s'émanciper.

• Mais voilà ! Le récit biblique ne s'arrête pas là. Et cette manière de voir Dieu comme un père possessif est sans doute inexacte. En fait, Dieu, loin de vouloir maintenir Adam et Ève en situation de dépendance, ferait tout pour qu'ils lui désobéissent et s'émancipent.

En effet, d'une part Dieu plante cet Arbre de la connaissance au beau milieu du jardin, directement sous les yeux d'Adam et Ève, et il le pare de tous les attraits comme s'il voulait encourager ses enfants à transgresser l'interdit. Et d'autre part, il crée lui-même le serpent tentateur (Gn 3, 1) et le laisse inciter Adam et Ève à la désobéissance.

Et peut-être Dieu n'a-t-il proféré l'interdit (« ne mangez pas le fruit de cet arbre ») que pour mieux inciter ses enfants à la désobéissance. Chacun sait qu'il suffit d'interdire quelque chose à des enfants pour qu'ils aient envie de le faire, justement parce que c'est interdit.

Ainsi, contrairement à ce que l'on pourrait penser, Dieu a tout fait pour que Adam et Ève soient incités à manger le fruit de l'Arbre de la connaissance. Le serpent a pour fonction de permettre l'accomplissement du désir de Dieu. Il est le complice de Dieu. En fait, Dieu a planté l'Arbre de la connaissance pour que Adam et Ève en mangent le fruit. Dieu est un vrai père qui sait que son premier devoir de père est de préparer ses enfants à leur émancipation. Mais il ne peut pas leur dire « désobéissez-moi » car, dans ce cas, ils ne feraient que se conformer à un ordre donné par le père.

Leur émancipation serait donc factice. C'est pour cela que Dieu confie au serpent la tâche d'inciter Adam et Ève à la désobéissance. Il emploie un subterfuge pour que l'émancipation de ses enfants soit une vraie désobéissance.

• Ainsi, Adam et Ève font leur « crise d'adolescence », cette crise qui passe nécessairement par la désobéissance, et qui seule permet la conquête de l'autonomie et de la liberté.

Et ensuite, Dieu chasse Adam et Ève du paradis de leur enfance. Il va même jusqu'à placer des chérubins qui, par leurs épées de feu, leur interdisent le retour au cocon du giron paternel.

Et, dès lors, Dieu considère ses enfants comme des adultes ayant les mêmes pouvoirs que lui. À Adam, il donne la mission de cultiver la terre et de transformer le monde (ce qui était jusque-là la prérogative de Dieu lui-même). À Ève il donne la mission d'engendrer la vie (ce qui était également jusque-là son privilège exclusif). Dieu s'efface et se retire en son « repos » (Gn 2, 2). Il prend sa retraite de père et laisse Adam et Ève pleinement responsables et indépendants. Adam et Ève peuvent alors fonder leur propre famille et vivre leur vie.

Bien sûr l'homme cultivera la terre « à la sueur de son front » et la femme enfantera « dans la souffrance ». Mais cela ne les empêchera pas forcément, loin de là, de connaître le bonheur, car le bonheur est d'abord dans la créativité. « Le bonheur, c'est une raison que la vie se donne à elle-même[2]. » « Le bonheur est la plus grande des conquêtes, celle que l'on fait contre le destin qui vous est imposé[3]. »

Ainsi Dieu lui-même a mis en œuvre le commandement qu'il donne à l'homme : « L'homme quittera son père et sa mère pour vivre avec sa femme » (Gn 2, 24). Il s'agit bien d'un commandement adressé tant à l'homme lui-même qu'à ses parents. Les parents doivent faire en sorte que leurs enfants puissent les quitter.

Ce commandement est considéré à juste titre comme celui de l'interdit de l'inceste, l'inceste étant l'expression extrême d'une relation possessive et fusionnelle du père (ou de la mère) vis-à-vis de son (ou de ses) enfant(s).

2. Simone de Beauvoir, *Les Belles Images*, Gallimard, 1966.

3. Albert Camus, *Lettres à un ami*, Gallimard, 1945.

Faire le bonheur de ses enfants, c'est, dès leur plus jeune âge, agir en sorte qu'ils puissent s'émanciper en quittant les girons paternel et maternel.

### Jésus-Christ et sa mère ;
### Abraham et son fils

• Notre lecture du récit de la Genèse pourra paraître partiale. Mais il me semble qu'elle est confortée par l'attitude de Jésus vis-à-vis de ses parents. En effet, celle-ci est un modèle d'émancipation.

En effet, le premier acte public de Jésus est un acte de désobéissance et d'émancipation vis-à-vis de la tutelle parentale. Je fais référence à sa fugue à Jérusalem (Lc 2, 41-50). Pendant trois jours, Jésus échappe à ses parents et se paye le luxe de leur faire la morale et même le catéchisme.

Ensuite, dès le début de son ministère, Jésus manifeste son indépendance vis-à-vis de sa mère Marie par cette parole déconcertante : « Femme, qu' y a-t-il entre toi et moi ? » (Jn 2, 4). Et Marie consent immédiatement à cette émancipation : « Faites tout ce qu'il vous dira », dit-elle (Jn 2, 5). Tout se passe comme si la mère de Jésus tentait d'exercer une autorité vis-à-vis de son fils (en lui demandant de pourvoir au manque de vin au moment des noces de Cana) dans le seul but que Jésus ait l'occasion de manifester son indépendance à son égard. On pourrait considérer cette parole de Jésus (« Qu'y a-t-il entre toi et moi ? ») comme l'exemple même de la distance que l'homme adulte doit avoir vis-à-vis de ses parents.

Et, on le sait, Jésus continuera à transgresser les règles ancestrales de son milieu familial, en particulier par sa profanation du Temple et du Sabbat.

• On pourrait lire dans la même optique le récit relatant le pseudo-sacrifice d'Isaac par Abraham (Gn 22)[4]. On est souvent choqué par le fait que Dieu demande à Abraham de sacrifier son fils.

Mais ce que Dieu demande à Abraham, ce n'est pas de tuer son fils Isaac. C'est de consentir à son émancipation. En effet, Abraham a eu son fils à un âge avancé, et c'est sans doute la raison pour laquelle il a une relation très fusionnelle avec lui. Et c'est pourquoi Dieu lui demande, non pas de sacrifier son fils mais, plus précisément,

4. Cf. Marie Balmary, *Le Sacrifice interdit*, Grasset, 1986, p. 195-205.

de l'« élever en holocauste » (c'est-à-dire en offrande) vers Lui, pour manifester ainsi que son fils ne lui appartient pas mais appartient à Dieu seul, et qu'il est donc libre et autonome.

Abraham, semble-t-il, refuse cette émancipation de son fils. À la limite, il préférerait tuer son fils que de devoir le détacher de lui. De même, lors du jugement de Salomon (I R 3, 16-28), la fausse mère préférerait que l'enfant soit coupé en deux plutôt que de le voir appartenir à quelqu'un d'autre.

Dieu empêche ce drame et substitue un agneau à Isaac. Abraham le tranche en deux, et dès lors, par cet acte symbolique et substitutif, il coupe le « cordon ombilical » qui le relie de manière fusionnelle à son fils. Il est libéré de son désir de tuer Isaac plutôt que de le voir s'émanciper. Dès lors, Isaac est libéré de la relation fusionnelle qu'Abraham avait avec lui. Il cesse d'être « couvé » par son père. Il peut se marier et ainsi « quitter son père et sa mère ». Symboliquement, un récit de la Bible traduit cette séparation : sur le chemin qui montait au Mont Morija, Abraham et son fils marchent « tous deux ensemble » (Gn 22, 6) ; et au retour, apparemment, ils ne sont plus ensemble. Ils n'apparaissent plus jamais ensemble, sauf à la mort d'Abraham.

### L'interdit de la relation fusionnelle

De quelle manière les parents peuvent-ils faire le bonheur de leurs enfants ? Nous l'avons montré, faire le bonheur de ses enfants, c'est agir envers eux de telle sorte qu'ils puissent vous quitter. C'est se refuser à les rendre dépendants de vous. Le premier des principes éducatifs, c'est la prohibition de l'inceste, c'est-à-dire d'une relation fusionnelle et possessive avec ses enfants.

« Vos enfants ne sont pas vos enfants.

Ils sont les fils et les filles de l'appel de la Vie à elle-même.

Ils viennent à travers vous et non de vous.

Et bien qu'ils soient avec vous, ils ne vous appartiennent pas…

Vous êtes les arcs par qui vos enfants, comme des flèches vivantes, sont projetés [5]. »

5. Khalil Gibran, *Le Prophète*, Casterman, 1956.

Faire le bonheur de ses enfants, ce n'est pas chercher à *faire* leur bonheur. C'est les rendre autonomes, ce qui est la condition nécessaire (mais non suffisante) pour qu'ils puissent, si la chance leur sourit, faire eux-mêmes leur propre bonheur.

• Ainsi, les parents doivent prendre garde au sens profond de l'interdit de l'inceste. Il faut en effet opérer une distinction fondamentale entre la nature du lien entre deux conjoints et celle de la relation qui devrait exister entre les parents et leurs enfants.

La relation de couple relève du domaine privé, et ce même si elle peut être avalisée par la société (par le maire, le prêtre, le pasteur ou le rabbin)[6].

En revanche, la relation des parents avec leurs enfants relève non pas de la vie privée (comme le mariage) mais de la vie de la société. Aussi surprenant que cela puisse paraître, la paternité doit d'abord être considérée comme une réalité culturelle, civique et sociale avant d'être (éventuellement) une réalité biologique et

6. Nous nous inspirons pour tout ceci de Philippe Julien, *Tu quitteras ton père et ta mère*, Aubier, 2000.

naturelle. Ce qui le montre bien, c'est que les représentants de la société (juges pour enfants, juges aux affaires matrimoniales, enseignants, assistantes sociales) interviennent de droit dans les relations parents-enfants. Ainsi, Rousseau va jusqu'à considérer le père comme le délégué de la Nation. Pour le philosophe, c'est à celle-ci que l'enfant « appartient » en premier lieu. La paternité est une fonction civique, institutionnalisée comme telle, avant d'être éventuellement une réalité biologique[7].

• Ainsi, la fonction parentale doit être définie d'abord par une règle culturelle et sociale (à savoir, en l'occurrence, celle de la prohibition de l'inceste) et non par une réalité naturelle, biologique, pulsionnelle et instinctive.

Pour que les parents ne soient pas enclins à avoir une relation fusionnelle avec leurs enfants, il est souhaitable que chacun des deux parents ait une relation de couple

7. Ceci est clair dans le cas de l'adoption. Mais ce qui va dans le même sens, c'est le fait que, sauf à faire la preuve du contraire, la loi considérait comme père d'un enfant celui qui était l'époux de la mère même s'il n'était pas le géniteur biologique de l'enfant. Cf l'adage hérité du droit romain : « *Pater is est quem nuptiae demonstrant* » cité par Philippe Julien, *op. cit.*, p. 79.

avec quelqu'un d'autre que l'enfant. On voit ici le risque des familles mono-parentales, du moins si le parent isolé n'a aucune relation de couple avec un tiers. Il faut être à deux pour être à trois.

On constate souvent que, pour un couple, la naissance d'un premier enfant peut devenir une épreuve et aussi un test. Si les parents, à la naissance d'un enfant, deviennent exclusivement des père et mère et cessent, de fait, d'être des conjoints constituant un couple, ceci est préjudiciable non seulement au couple mais aussi, et peut-être bien plus encore, à l'éducation de l'enfant.

Pour que les parents soient un bon père et une bonne mère, il est sans doute souhaitable que leurs désirs se portent non pas sur l'enfant mais s'exercent dans une relation de couple. Le couple doit rester le seul lieu du désir et de la jouissance.

## L'exigence de quitter père et mère

• Il importe de rappeler la loi de la prohibition de l'inceste non seulement aux parents mais aussi aux enfants.

L'exigence de quitter père et mère doit aussi être dite aux enfants. Les divans des psychanalystes sont plus encombrés par des enfants de 40-50 ans qui n'ont pas rompu le lien fusionnel avec leurs parents (que ce lien se manifeste par une dépendance affective ou par des reproches sans fin [8]) que par des parents de 40 ou 50 ans qui ne parviennent pas à « quitter leurs enfants ».

Pour que les enfants puissent réellement quitter leur père et leur mère, il importe qu'ils puissent lier une réelle relation de couple avec leur conjoint. Et il ne peut y avoir d'alliance conjugale réelle sans un détachement par rapport à la famille d'où l'on vient. C'est ce que Claude Levi-Strauss appelle la « loi d'airain de la constitution du couple ».

De nombreuses femmes, en particulier, ont du mal à quitter leurs parents (même si c'est pour mieux les haïr). Quelquefois, c'est le fait de devenir mère elles-mêmes qui leur permet de prendre de la distance vis-à-vis de leurs parents.

Et les enfants pourront d'autant mieux créer une relation de couple que leurs parents leur auront transmis cette aptitude

8. « Les enfants commencent par aimer leurs parents, devenus grands, ils les jugent... quelquefois, ils leur pardonnent », Oscar Wilde, *Le portrait de Dorian Gray*, Gallimard, 2001.

à former un couple. Ces derniers pourront d'autant mieux le faire qu'ils vivent eux-mêmes une réelle relation de couple.

Il faudrait donc que les parents soient heureux sans leurs enfants pour que les enfants puissent être heureux sans leurs parents.

Mais bien sûr, dans ce domaine, rien n'est automatique. Il y a des enfants qui sont réellement autonomes par rapport à leurs parents et qui ne trouvent cependant pas leur bonheur. Et il y a aussi sans doute des enfants qui continuent à avoir une relation fusionnelle avec leurs parents et qui sont néanmoins heureux avec leur conjoint.

D'une question : peut-on faire le bonheur de ses enfants ?, nous sommes donc passés à une autre : comment les parents peuvent-ils faire en sorte que leurs enfants aient toutes les chances d'être heureux (sans eux) ? Ayant dissipé l'illusion de « faire » le bonheur de l'autre, les auteurs de cet ouvrage adoptent trois positions plus complémentaires que contradictoires. Pierre Lassus montre que, selon les traditions religieuses relayées par le code civil, c'est à l'enfant que revient l'obligation de chérir et respecter ses parents ; quant aux parents, ils n'ont à proprement parler aucune obligation envers leurs enfants. Aujourd'hui, au contraire, la protection des enfants contre tout type de maltraitance est devenue une mission inconditionnelle pour les adultes, signe de l'évolution des mentalités et de la valeur accordée récemment à l'enfant.

Depuis le tournant des années 1970, en effet, notre façon de concevoir le lien de filiation s'est profondément transformée : face au changement de statut de l'enfant, aujourd'hui reconnu comme une personne, c'est la fonction même de parent qui est à repenser. En effet, éduquer ce n'est pas dresser, imposer l'obéissance par la force ; il s'agit plutôt d'instaurer une relation de confiance mutuelle entre parents et enfants sans nier pour autant la dissymétrie de leur lien... Mais, comme l'expose Caroline Eliacheff, ces bouleversements dans la manière de voir l'enfant ont conduit à des excès, nous pensons notamment à l'idéalisation de l'enfant érigé en roi auquel on ne peut rien refuser sous peine de lui infliger un traumatisme.

En évitant ces deux attitudes extrêmes que sont le dressage et l'adulation de l'enfant, Pauline Bebe montre que la Bible et le Talmud dessinent une troisième voie possible, une voie dans laquelle les parents, ni démissionnaires et laxistes ni tyranniques et autoritaires, ont certains devoirs envers leurs enfants, en premier lieu celui de les aider à devenir autonomes.

# LE BONHEUR, ET APRÈS ?

**par Caroline Eliacheff**

Si je n'avais qu'une minute pour répondre à la question : peut-on faire le bonheur de ses enfants ?, ma réponse serait : NON. Est-ce que cela voudrait dire *a contrario* que l'on peut faire le malheur de ses enfants ? Ma réponse serait également négative mais je crois que j'aurais beaucoup plus de difficultés à le démontrer. J'en resterai donc à la question posée dans cet ouvrage.

D'abord, qui est ce « on », celui de « peut-on ». S'il était demandé « peut-on faire le bonheur "des" enfants », on penserait aux adultes quels qu'ils soient et ils sont nombreux à être en relation avec les enfants. Comme il est dit « le bonheur de SES enfants », on pense plus volontiers aux parents et déjà les problèmes commencent car la notion de parents n'est plus ce qu'elle était, ni socialement, ni scientifiquement.

Tout était simple quand on disait que la mère était celle qui avait mis l'enfant au monde et le père, le mari de la mère. C'est d'abord le père qui en a pris un coup puisque les composantes de la fonction paternelle : biologique, domestique (celui qui élève l'enfant dans la même maison) et généalogique (celui que le droit désigne) qui étaient réunies dans la personne du père, ont explosé.

En ce qui concerne la mère, il n'est plus si simple de la désigner comme celle qui accouche et, là aussi, les fonctions peuvent être disjointes : il y a bien sûr les parents adoptifs, mais aussi les mères porteuses, celles qui fournissent les ovules et j'en passe…

## Les transformations de la famille contemporaine

Une question comme celle-là n'aurait pas eu cours aux siècles précédents. Pour comprendre pourquoi elle peut être posée, je suis obligée d'exposer brièvement les transformations de la famille contemporaine et en particulier l'évolution du lien de conjugalité et de filiation car elle s'est faite de façon totalement opposée, ce qui rend largement compte des problèmes que nous nous posons aujourd'hui. Je ferai pour cela de larges emprunts à la sociologue Irène Théry en résumant son analyse.

En ce qui concerne *le lien de conjugalité*[1], nous vivons, nous dit-elle, l'aboutissement d'une évolution séculaire. Ce que nous en voyons, c'est la baisse de la nuptialité (encore que celle-ci reprenne ces dernières années en France uniquement), l'augmentation de l'union libre, la progression des séparations et des divorces. Mais on établit rarement une relation claire entre ces transformations du mariage et l'un des traits majeurs de l'évolution des sociétés démocratiques : l'accès des femmes à l'égalité et à la dignité de sujet.

## Couples précaires, enfants précieux

L'égalité entre les hommes et les femmes rend le lien de conjugalité plus individuel, plus privé, plus contractuel et donc plus précaire que par le passé.

Le choix de se marier devient une question de conscience personnelle ; le mariage cesse d'être le modèle unique des relations homme-femme. Irène Théry a appelé ce phénomène le « démariage ». Le concubinage qui, lui, se met à augmenter de façon significative n'est pas forcément un rejet du

1. Irène Théry, *Couple, filiations et parenté aujourd'hui*, Paris, Odile Jacob, La Documentation française, 1998.

mariage mais une redéfinition de l'engagement comme pacte purement privé.

Quant à la progression du divorce et des séparations, elle apparaît comme une conséquence du changement du lien de couple caractérisé par une moindre dépendance mutuelle, une plus grande liberté sociale, une exigence accrue dans la recherche du bonheur. On ne peut pas dire pour autant que le divorce se soit banalisé. Il signifie un refus de situations autrefois vécues comme des fatalités, mais ses conséquences éprouvantes sont connues et redoutées.

Comment, dans ce contexte, a évolué le lien de filiation ? Il a suivi l'évolution exactement inverse de celle du lien de conjugalité. Au début du XIXe siècle, les bâtards n'avaient aucun droit. La puissance paternelle était un pouvoir quasi absolu incluant le droit de correction et la possibilité de demander l'incarcération de l'enfant. Les naissances illégitimes étaient fréquentes et les naissances non voulues se succédaient. Tout ceci n'empêchait pas l'amour parental d'exister mais l'enfant, sauf dans les classes privilégiées et s'il survivait, était d'abord un producteur inférieur à un adulte, mis au travail dès cinq ou six ans.

L'évolution s'est faite vers la spécification de l'enfance et la reconnaissance de l'enfant comme une personne en devenir. L'enfant est devenu un « bien » rare et durable et l'impératif de qualité s'est substitué à la valeur quantité. La responsabilité parentale s'en est trouvé plus affirmée. En se personnalisant et en s'affectivant, le lien de filiation s'est affirmé toujours davantage comme un lien inconditionnel. Ce que l'on doit à son enfant, c'est l'aimer, le soutenir, le protéger quoi qu'il arrive, rester son parent quels que soient les aléas du couple, que l'enfant soit beau ou pas, intelligent ou pas, handicapé ou pas et même, d'une certaine façon, délinquant ou pas. Nos ancêtres, qui enfermaient au couvent les filles rebelles et rejetaient les fils indignes, étaient loin d'une telle inconditionnalité.

Entre parents et enfants, l'affectivation des liens et le souci de l'enfant vont de pair avec un désarroi profond sur les fondements et la transmission générationnelle. Le nouveau « pacte de filiation » demeure incertain et la place qu'occupe actuellement la maltraitance comme la principale menace pesant sur les enfants en est le témoin. La sécurité et la stabilité du lien de filiation ne sont pas assurées en cas de séparation. On observe une forte inégalité entre le père et la mère, la sécurité du lien étant axée principalement sur la mère et l'on sait que dans un quart des cas de séparation, il y a rupture totale des liens père-enfants.

## La fin du dressage

Face à ces mutations dans la famille qu'en est-il de l'éducation ? L'éducation est indissociable de la perception que nous avons de l'enfant et cette perception a, elle aussi, radicalement changé en très peu de temps. Je voudrais juste faire remarquer que cette perception est toujours une construction à un moment donné, elle n'est jamais une vérité. Souvenons-nous qu'il n'y a pas si longtemps, le bébé était considéré comme un simple tube digestif aveugle, sourd, muet, ne comprenant rien. Néanmoins, ce tube digestif était d'emblée soumis au dressage et on conseillait de ne jamais céder à un caprice. Les parents devaient être le moins possible dérangés par la présence des enfants, le bon plaisir de l'adulte étant rationalisé par la fameuse formule « c'est pour ton bien ». L'enfant n'accédait que très tard, voire jamais, à une relation égalitaire avec ses parents ou ses maîtres. Il y avait certainement des problèmes éducatifs dans les familles car tous les enfants ne se soumettaient pas au dressage sans casse. Mais le rapport de force était toujours en faveur des parents, et plus particulièrement du père, jusques et y compris dans les choix professionnels et maritaux des enfants. Ceux qui ne se soumettaient pas rompaient, ce qui était le signe de leur bonne santé psychique, ou souffraient en silence. La rupture était certainement douloureuse pour les parents et la souffrance des enfants très peu prise en compte.

Aujourd'hui, l'obéissance et la soumission par le dressage ne sont plus des vertus premières. La nouvelle valeur est l'épanouissement de l'enfant considéré dès son plus jeune âge comme un individu à part entière. Tout ce qui est supposé aller à l'encontre de l'épanouissement de l'enfant est considéré comme nuisible. Cette conception a entraîné les excès que nous connaissons dans le sens du laxisme pour éviter toute peine ou toute contrariété. C'est ce qu'on appelle « l'enfant-roi ». Sans aller aussi loin, tant les parents que ceux qui sont en contact avec les enfants pensent et agissent vis-à-vis d'eux non en censeurs, mais en éducateurs compréhensifs de leurs caractéristiques psychologiques et respectueux de leurs tendances instinctives. La diffusion des découvertes de la psychanalyse n'est bien sûr pas étrangère à cette transformation, d'autant que les découvertes scientifiques sont venues confirmer ce que nombre de ces parents et éducateurs pressentaient.

On parle aujourd'hui du « métier de parent », de la « compétence » des parents, termes qui se réfèrent à des connaissances acquises, à un savoir-faire que la société devrait délivrer, cherchant à oublier que, quoi qu'on fasse mais pourquoi pas pour le meilleur, on n'« apprend » pas à devenir parent mais on le devient grâce aux relations qu'on a entretenu avec ses propres parents, relation qui va se perpétuer à travers ses propres enfants.

L'épanouissement de l'enfant comme valeur éducative et l'idéalisation de l'enfance a fait surgir des questions qui ne s'étaient jamais posées et qui ont entraîné beaucoup de désarroi, d'excès, de culpabilité mal placée.

En poussant un peu, on en est venu à se demander si l'enfant sachant tout, et pourquoi pas même avant de naître, ce n'était pas lui qui avait tout à apprendre à ses parents. Si la psychanalyse en particulier nous apprend que les êtres humains, quel que soit leur âge, sont à égalité de désir (ce qui en soi est totalement subversif par rapport à ce qui était dit précédemment), cela n'a jamais voulu dire qu'un enfant soit un adulte en miniature. Son humanisation passe précisément par son éducation. Et il n'y a pas d'éducation sans apprentissage des lois qui sont avant tout des interdits. La question n'est donc pas de savoir s'il faut interdire, il le faut, mais comment interdire sans détruire. C'est tout à fait possible car nous avons à notre disposition cet instrument inégalable qui est le langage, mais aussi l'amour que nous portons à nos enfants.

En tant que parent, le principal interdit que nous ayons à enseigner à nos enfants est l'interdit de l'inceste, inceste parent-enfant, inceste frère-sœur et inceste familial plus large (oncle, tante, beau-père, belle-mère). On ne dit pas toujours que cela implique du côté des parents qu'ils se l'interdisent aussi et n'entretiennent pas avec leurs enfants des privautés, une absence de chasteté, une interdiction de fait d'aller vers les autres qui les bloquerait dans leur accession à l'autonomie.

En revanche, le désir que nous aurions – et qui est, là aussi je crois, relativement nouveau – que nos enfants nous aiment inconditionnellement est très mauvais conseiller. Accepter de déplaire voire d'être momentanément haï peut aider dans bien des circonstances. C'est par exemple le cas des femmes qui travaillent et se sentent coupables de ne pas s'occuper assez de leurs enfants, craignant entre autres que l'enfant leur en veuille. Il n'est en rien nocif qu'un enfant se rende compte qu'il ne comble pas sa mère et qu'elle prend du plaisir à être ailleurs, avec des personnes de sa génération. L'enfant se rend compte qu'on n'est pas pareil quand on est petit et quand on est grand. Devenir grand devient plus tentant que de rester petit. Mais il faut aussi que la mère accepte que, présente ou absente, son enfant puisse se tourner vers d'autres adultes qu'elle, à qui elle fait confiance et à qui son enfant peut aussi faire confiance.

Françoise Dolto disait que « la castration pour une mère, c'est d'aimer son enfant la désaimant – car il lui en veut de l'avoir lâché pour un autre adulte – et c'est de lui donner tous les autres de la société comme aussi valables qu'elle-même ».

Pour dire les choses en bref, la prise en compte des besoins de l'enfant sur le plan psychologique et de l'intérêt de l'enfant, notion également nouvelle que l'on utilise à toutes les sauces car ce sont toujours des adultes qui sont les porte-parole de l'intérêt supposé de l'enfant, a radicalement déstabilisé les parents dans leur fonction éducative.

### L'apprentissage de la responsabilité

Les contrôles accrus dont ils sont les objets tendent également à accréditer l'idée, surtout chez les plus fragiles, que d'autres savent mieux qu'eux. Les institutions chargées de la protection des enfants ont pendant des années, tout en menant aussi un travail remarquable, accrédité l'idée que la principale menace qui pesait sur les enfants, c'était leurs parents : on parlait beaucoup au XIXe siècle de parent carent, on parle maintenant de parent irresponsable ou démissionnaire.

Le divorce des parents a longtemps été synonyme de menaces destructrices planant sur les enfants (parents séparés = enfants perturbés). Dans le discours, alors que le taux des divorces reste élevé, il semble que la maltraitance ait pris le relais. Car, en faisant voler en éclat la valeur éducative des coups et brimades de toutes sortes, on aurait pu penser qu'ils cesseraient puisque leur justification était précisément éducative. Or ceci n'a été vrai qu'en partie. Et les parents qui continuent de maltraiter leurs enfants jettent l'opprobre sur tous les parents car ils révèlent ce que l'on ne voulait pas voir auparavant : battre un enfant, c'est légitimer sa volonté de punition et non éduquer. Quel parent peut affirmer sincèrement qu'il n'a jamais eu la volonté de punir plus pour se venger que pour éduquer ?

Je crois aussi que l'on ne veut pas voir que la place qu'a prise l'enfant ne convient pas à tout le monde ni tout le temps. Si les couples hésitent moins à se séparer lorsqu'ils constatent que leur vie sentimentale est un échec, la présence des enfants ne les fait pas reculer. Je pense qu'ils ont raison car le soi-disant sacrifice des parents envers leurs enfants est toujours un poids qu'ils leur font payer extrêmement cher.

Si, statistiquement, l'âge des femmes à la naissance du premier enfant s'élève, ce n'est pas seulement parce que ces dernières souhaitent lui assurer un avenir meilleur, mais aussi parce qu'elles tiennent à mener une carrière professionnelle. Si certains parents démissionnent, c'est aussi parce que l'inconditionnalité du lien de filiation n'est pas ce qu'ils ressentent.

Il est toujours, à un moment ou à un autre, angoissant d'être parent parce que nous sommes constamment confrontés à notre impuissance alors que la dépendance première de nos enfants nous donne un sentiment de puissance. Le dressage, c'est-à-dire l'exercice de cette puissance n'ayant plus cours, nous sommes obligés, en permanence, d'assumer cette impuissance. C'est quand on ne l'assume pas qu'on peut parler de démission. La vie et les relations qu'entretiennent les parents restent un modèle pour les enfants. Assumer son impuissance, c'est reconnaître que ce modèle n'est pas la perfection et introduire l'enfant aux contradictions et aux difficultés plutôt que de tenter de dissimuler ce qu'il perçoit fort bien. Et c'est extrêmement fatigant.

## Une confiance mutuelle éprouvée

Autrement dit, considérer ses enfants comme sujets, c'est leur faire confiance et aussi se faire confiance. Aucun spécialiste qui se prétend compétent ne peut donner de réponses qui seraient des modes d'emploi. Il s'agit plutôt d'indiquer qu'entre parents et enfants, c'est une sorte de contrat de confiance qui peut s'établir. Et il commence dès les premiers jours de la vie.

Mais c'est quand surviennent les moments difficiles de la vie, voire les drames familiaux que ce contrat de confiance s'éprouve et surtout prend tout son sens. La psychanalyse nous a appris que l'on ne protège pas un enfant en lui taisant ou en le tenant à l'écart de ce qui se passe, bien au contraire. Si l'on ne peut mettre de mots sur ce que les enfants perçoivent, ils imaginent non seulement toujours le pire, mais surtout ils pensent toujours être responsables de ce qui arrive. Dire les faits, aussi douloureux qu'ils puissent paraître, est toujours moins inquiétant et même toujours plus rassurant que de laisser un enfant dans le non-dit et l'incertitude que ce soit à propos d'une mort, d'un divorce, d'un départ, de la perte d'un travail ou d'un acte délictueux. Ceci est valable à tous les âges.

Que nous en prenions conscience ou non, nous revivons à travers les différents âges de nos enfants, les différents âges de notre enfance : en particulier la femme pour ses filles et l'homme pour ses fils. Chaque enfant perçoit inconsciemment ce que nous revivons et c'est une fonction essentielle des parents de parler d'eux-mêmes à l'âge qu'ont leurs enfants. Il est fréquent qu'en venant nous consulter pour des actes de désobéissance, un manque de concentration, des petits vols ou toute autre chose, on découvre en parlant avec les parents que le parent du même sexe à l'âge qu'a son enfant, a vécu une blessure mal cicatrisée, refoulée, et que le comportement de l'enfant est à comprendre en relation avec l'histoire de ses parents.

Je ne puis terminer sans vous rappeler le mot de Freud parlant de l'éducation : « Quoi que vous fassiez, vous ferez toujours mal. » Ce n'est ni pour vous rassurer ni pour vous inquiéter selon les cas, mais pour essayer de comprendre ce que Freud a voulu dire car cette phrase est plus énigmatique qu'il n'y paraît. Je crois qu'on peut la comprendre aujourd'hui de la façon suivante : c'est quand votre enfant devenu grand jugera de façon négative l'éducation que vous lui avez donnée que vous pourrez être sûr d'avoir réussi. Cela signifie en effet qu'il aura la capacité de juger d'une part, et d'autre part de faire confiance à son jugement. N'est-ce pas ce à quoi nous disons que nous aspirons pour nos enfants ?

Il y en a qui appellent ça le bonheur. Ils sont rares mais c'est à eux que je m'adresse !

*

**Pierre Lassus**

Pensez-vous vraiment qu'on ne peut pas faire le malheur de ses enfants ?

**Caroline Eliacheff**

Oui. Beaucoup de personnes souffrent du fait de leurs parents. Cette position de victime procure une sorte de jouissance ; la souffrance subie devient alors la seule raison d'être du sujet qui finit par s'y complaire. Or, personne ne peut être réduit à la souffrance qu'il a ressentie, même si celle-ci provient de ses parents. Devenir adulte consiste précisément à abandonner cette posture pour prendre le risque d'exister sans être réduit à ses malheurs.

**Pauline Bebe**

Peut-on affirmer que les enfants ont besoin de davantage de stabilité quand les familles sont instables ?

**Caroline Eliacheff**

De façon théorique, on peut dire qu'ils auraient besoin de stabilité. Mais, lorsque les couples ne sont pas stables, qu'arrive-t-il aux enfants ? Il n'y a pas de règle, et cela dépend de beaucoup de choses.

Cela dépend d'abord de l'âge de l'enfant lorsque la séparation survient, et des conditions de cette séparation. En dehors des séparations conflictuelles, où tout explose et où tout le monde souffre, on note un autre type de séparation troublante pour l'enfant, c'est celle d'un couple qui a décidé de se séparer, parce que le couple est un échec, mais qui décide de « réussir » leur divorce. On voit alors cet homme et cette femme qui s'entendent sur tout, et il y a une véritable incompréhension du point de vue de l'enfant : puisqu'ils s'entendent si bien sur tout, pourquoi ne restent-ils pas ensemble ?

Aujourd'hui, le divorce est banalisé, mais la souffrance qu'il provoque ne s'est pas banalisée !

**Pauline Bebe**

Par ailleurs, n'a-t-on pas confondu l'inconditionnalité de l'amour que l'on peut porter à ses enfants et l'impossibilité de les sanctionner ?

**Caroline Eliacheff**

Bien sûr. Ce sont les parents qui imaginent qu'ils doivent un amour inconditionnel à leur enfant. Ils ne « doivent » pas un amour inconditionnel. En revanche, ce qu'ils doivent, c'est ne pas lui dire « Je ne t'aime plus » quand l'enfant fait quelque chose de mal, mais « je n'aime pas ce que tu as fait », et ne pas reculer parce qu'on pense qu'en faisant « de la peine » à son enfant il va ne plus nous aimer… Et alors ? Dans une journée, un enfant peut aimer et haïr son parent quinze fois ! Quand on a passé un week-end avec son enfant, le dimanche soir, on peut avoir franchement envie de le passer par la fenêtre ! Mais on ne le fait pas – d'une part ! – et le lundi matin, ça va mieux. L'inconditionnalité de l'amour, c'est une idée folle.

**Pauline Bebe**

Pourquoi ne peut-on pas « apprendre » à être parent ?

**Caroline Eliacheff**

On devient parent en fonction de la relation que l'on a eue avec ses propres parents. Depuis plusieurs années, je participe à des groupes de parents dans les milieux les plus divers. Avec l'héritage que l'on a, qui imprime en nous le modèle parental que nous avons connu quand nous étions enfant, tout n'est cependant pas joué. On n'apprend pas à devenir « parent », puisque c'est un enfant qui vous rend parent, mais avec ce que l'on a, on peut faire le meilleur ou le pire. Si on pense que l'on va faire le pire, on peut trouver des lieux où, toujours avec ce que l'on a, on essayera de faire un peu moins pire, et même parfois le meilleur. On ne se change pas, mais il y a une marge d'invention.

# CESSONS DE FAIRE LE MALHEUR DE NOS ENFANTS

**par Pierre Lassus**

C'est un fait, éminemment regrettable certes, mais qu'il convient de ne pas dénier : les maltraitances faites aux enfants et qui trouvent leur source dans des incapacités parentales constituent un fléau qui marque l'histoire des humains depuis l'origine.

Comment comprendre cette permanence du malheur, cette répétition des maltraitances de génération en génération ? S'il est facile de faire le malheur de ses enfants, pourrait-on, et comment, faire leur bonheur ?

## Le fléau de la maltraitance

Des enfants dangereux, une incompétence parentale : l'humanité est-elle condamnée à la maltraitance faute de pouvoir reconnaître dans ses enfants, parce qu'elle serait incapable de passer de « l'avoir des enfants » à « l'être parents », des sujets respectables sur lesquels les parents n'ont de droit qu'à l'exigence de leurs devoirs, des sujets « respectables » avec lesquels les liens nécessaires s'inspirent, aussi, de la fraternité ?

Or, il se trouve que l'enseignement de la clinique, comme le corpus biblique, nous fournissent des clefs de compréhension tout à la fois sur ce que l'on pourrait appeler « la fonction de la maltraitance » et sur les possibilités de s'en dégager, sachant que la première condition pour faire éventuellement le bonheur de ses enfants est, à l'évidence, de ne pas les maltraiter.

Nous devons avoir conscience de la gravité des maltraitances faites aux enfants, maltraitances qui, rappelons-le, ne sont pas seulement des maltraitances physiques, mais très souvent, et tout aussi graves, des maltraitances psychologiques, maltraitances qui ne sont pas seulement « faire du mal » à un enfant, mais tout autant « ne pas lui faire de bien » et enfin, maltraitances qui ne sont pas nécessairement le résultat d'une action volontaire et consciente : des parents peuvent maltraiter gravement un enfant, sans le vouloir, sans en avoir conscience, ceci n'évite pas les souffrances et les traumas.

Il est très regrettable que ce fléau ne soit pas pris en compte à sa juste mesure. Non seulement son importance quantitative est systématiquement et considérablement sous-estimée, mais ses conséquences ne sont que très imparfaitement mises en lumière. En effet, les maltraitances faites aux enfants ont ceci de particulier que, frappant un sujet en construction, non seulement elles le menacent dans l'immédiat, mais elles l'empêchent de se construire correctement. L'enfant maltraité intériorise un programme de maltraitance et les risques sont considérables qu'il répète indéfiniment les souffrances qu'il a endurées, soit sur lui-même, soit sur son entourage. Ceci explique la répétition familiale des maltraitances, de même que les curieuses « coïncidences » qui veulent que tous les criminels, et tout particulièrement tous les parents auteurs de hautes maltraitances, aient été des enfants maltraités. Entendons-nous bien : tous les enfants maltraités ne deviennent pas des parents maltraitants, mais tous les parents maltraitants ont été des enfants maltraités. La question de la maltraitance ne se réduit donc pas à une question humanitaire et compassionnelle, c'est un problème social de première importance qui devrait être une priorité politique tant les dégâts qu'elle cause pèsent sur les sociétés, et je le pense sincèrement, sur l'histoire des hommes.

Faire le bonheur de ses enfants, c'est donc d'abord ne pas les maltraiter. Encore faut-il être en mesure de mettre la maltraitance en évidence, ce qui passe nécessairement par une approche « clinique » de la parentalité qui permette d'établir un diagnostic aussi précis et objectif que possible : ces parents sont-ils suffisamment bons parents pour faire le bonheur de leurs enfants ?

Or, il s'agit là d'une entreprise des plus difficiles car nos cultures fonctionnent en fait pour assurer la protection des parents, pour barrer l'accès à une réflexion objective sur l'exercice de la parentalité.

## Qui protéger ?

Deux questions doivent ici être examinées : cette protection des parents contre les enfants est-elle une réalité ? Si oui, pourquoi cette protection qui, au passage, contredit l'affirmation constante qu'il faut protéger d'abord les enfants ?

Il se trouve que l'Ancien Testament nous offre une première réponse. Précisons d'abord que notre approche se situe dans le champ de la psychologie et non dans celui de la théologie.

Partons du commencement lorsque, dans le jardin d'Éden, l'Éternel s'adresse à Isch et Ischa, les deux premiers humains qu'Il vient de créer. Il leur prescrit de ne pas manger le fruit de l'Arbre de la Connaissance, sous peine de mourir.

Pourquoi cette prescription étonnante ? L'Éternel, qui les avait créés à sa ressemblance, les destinait à vivre éternellement dans l'Éden, sans besoins, dans une situation fort agréable qui, à l'évidence évoque celle du fœtus. Mieux encore : ils seraient éternels, comme l'Éternel…

Mais, s'ils mangeaient le fruit de l'Arbre de la Connaissance, ils posséderaient aussi le Savoir de l'Éternel : on passe alors de la ressemblance à l'identique. Il n'existe plus de distinction, de barrière, entre le Créateur et la créature.

C'est une représentation métaphorique de l'inceste. Traduisons : sans distance entre les parents et les enfants, la situation est potentiellement incestueuse. Or la prohibition de l'inceste entre ascendants et descendants est le fondement de l'humain.

L'Éternel, pour rétablir une distinction, ne trouve d'autre issue qu'en chassant Isch et Ischa du Jardin, pour qu'ils deviennent mortels, rétablissant, ainsi, une différence entre Lui-même et ses créatures. Mais apparaît alors un nouveau problème : Dieu avait fait le monde pour l'homme. Si celui-ci meurt et disparaît, à quoi sert la création ? Donc, s'il faut que ces deux premiers humains meurent, il faut cependant que l'espèce humaine se perpétue. La solution exige que les bannis, les condamnés à mort, procréent avant de disparaître. Isch reprend à son compte exclusif le nom originaire d'Adam, et Ischa va s'appeler Rava, « la Mère des humains ». Adam et Rava vont accepter de faire des enfants, donc de mourir.

Ce récit, donc, nous dit l'association très forte entre l'enfant et la mort, dans l'inconscient individuel et collectif. Nous comprenons mieux pourquoi les « sociétés premières » pratiquaient le sacrifice des enfants : dans la pensée magique archaïque, on attend de la disparition de l'effet, la suppression de la cause : en détruisant l'enfant, l'homme échapperait magiquement à la mort. Remarquons que dans beaucoup de ces sociétés, les rituels funèbres sont très semblables aux rituels de naissance. Par exemple, chez les Papous, les morts sont enterrés en position fœtale, parfois même la tête enveloppée dans le linge qui avait servi à les porter quand ils étaient enfants. Et en effet, l'enfant et le mort sont aux frontières entre l'organisé et l'inorganisé, entre la vie et la mort : neuf mois avant la naissance, il n'y a pas encore d'organisé. Mais si spermatozoïde et ovocyte se rencontrent, neuf mois après, naît cette merveille : un enfant. Et, à l'autre bout, au terme de la vie, le corps mort sera, dans neuf mois, largement dissocié.

Nous voyons que dans l'inconscient, l'enfant peut représenter une menace en ce qu'il annonce la mort programmée de ses géniteurs. On comprend dès lors mieux l'acharnement, certes non conscient, des parents, des grands, à se protéger.

Revenons à la Bible, au moment où Moïse redescend de la Montagne, porteur des Tables de la Loi. Celle-ci – les dix Commandements – est au fondement de toute l'organisation juridique et éthique des sociétés issues du judaïsme, du christianisme et de l'islam, ce qui concerne beaucoup de monde.

Le cinquième Commandement, (et soyons attentifs au fait qu'il s'agit là du premier Commandement adressé aux humains pour régir leurs rapports réciproques, puisque les quatre premiers envisagent les rapports avec Dieu), prescrit :

« Tu honoreras ton père et ta mère si tu veux que tes jours se prolongent dans le pays que l'Éternel ton Dieu te donne » (Dt 5, 16).

Cette loi fondatrice, de façon curieuse, ne s'adresse pas aux humains en tant qu'adultes, mais en tant que fils ou fille, c'est-à-dire en tant qu'ils sont des enfants. Pourtant, les lois s'adressent naturellement aux adultes plutôt qu'aux enfants. De plus, n'est-il pas étonnant, peut-être même choquant, que cette prescription soit à ce point absolue, que ce devoir d'honorer ses parents n'envisage aucunement qu'ils puissent, dans la réalité, n'être guère honorables, voire franchement indignes ? Enfin le fait que ce commandement soit assorti d'une menace de mort ne facilite pas une application nuancée. Nous sommes bien placés devant un obstacle mis à une approche objective du comportement des parents. Certains ne manqueront pas de faire valoir que cette prescription est bien ancienne, et inscrite dans une référence religieuse qui ne concerne pas tout le monde. Alors, tournons-nous vers le code civil, qui est, au fond, quelque chose comme la loi mosaïque appliquée à la République. Ouvrons la dernière édition, au chapitre intitulé « De l'autorité parentale ».

Le premier article (art. 371 du code civil) est rédigé ainsi :

« L'enfant, à tout âge, doit honneur et respect à ses père et mère. »

C'est à peu près le cinquième Commandement, sans menace de mort, toutefois. L'énoncé des devoirs des parents envers leurs enfants : « Les parents doivent donner à leurs enfants, éducation, moralité et soin », ne vient qu'après. Nous sommes placés devant la même inversion des rôles et des responsabilités : c'est l'enfant d'abord qui est désigné comme responsable, comme investi de devoirs. Remarquons encore que s'il est exigé que l'enfant respecte ses parents, à aucun moment, il n'est demandé à ceux-ci de respecter leurs enfants.

Cette constante protection des parents, des grands en général, contre les enfants est largement confirmée par les contes populaires qui, le plus souvent, parlent de maltraitance : Peau d'Âne, menacée d'être violée par son père, le petit Poucet perdu dans la forêt, Blanche-Neige exploitée et maltraitée.

Prenons, à titre d'exemple, *Le petit chaperon rouge*. Vous connaissez cette histoire dont la morale affirme que les enfants désobéissants sont toujours punis et que c'est bien fait pour eux ! Or, transposons ce conte ici et maintenant : une mère dit à sa fille de faire une tâche qu'elle devrait normalement assurer elle-même : nourrir sa propre mère, pour autant d'ailleurs, qu'elle estime nécessaire de la faire. On pourrait en effet se demander ce qu'il s'était passé, auparavant, avec la grand-mère, pour qu'elle soit toute seule de l'autre côté de la forêt. On ne le sait pas, mais j'ai quelques inquiétudes. Donc la mère ne veut pas aller voir sa propre mère, et enjoint à sa fille d'y aller à sa place tout en lui prescrivant de ne pas s'éloigner du chemin le plus court, car un loup rôde dans la forêt. Si donc nous actualisons le récit, si nous transposons l'histoire aujourd'hui à Paris, cette mère dirait : « Tu sais ta grand-mère habite de l'autre côté du bois de Boulogne, va la voir, mais fais attention d'éviter les violeurs, dealers et autres personnages hautement dangereux. Reste bien sur l'avenue. N'oublie pas de mettre ta petite jupe fluo pour qu'on te voie bien. Et bonne chance ma fille ! »

Si la petite fille n'arrive pas de l'autre côté du bois, qui sera responsable ? L'enfant qui a un peu dévié de la route la plus éclairée, ou la mère qui a, sciemment, exposé son enfant à un terrible danger ? *Le petit chaperon rouge* est en réalité non pas l'histoire d'un enfant désobéissant mais l'histoire d'un enfant victime de l'irresponsabilité de sa mère, laquelle n'a pas assumé le premier devoir des parents, protéger leurs enfants.

## Œdipe : coupable ou victime ?

Nous pouvions espérer que la psychanalyse, qui a permis d'explorer les liens psychiques entre parents et enfants, ouvrirait des possibilités pour sortir de cette compulsion à protéger les parents.

Les choses, initialement, se présentaient bien, Freud ayant constaté que la plupart de ses patients parlaient de maltraitances et notamment d'agressions sexuelles, subies dans leur enfance. Il avait eu l'intuition de mettre ces agressions en lien avec les troubles psychiques dont souffraient ces personnes. Cette intuition était très pertinente.

Hélas, brutalement, Freud va changer radicalement d'avis, affirmant que ce que lui racontaient ses patients ne pouvait pas correspondre à la réalité, mais qu'il s'agissait de fantasmes d'enfant, d'une expression de pulsions inconscientes.Ces pulsions, qu'il va considérer comme une étape normale du développement psychique, conduiraient le sujet à souhaiter un rapprochement sexuel avec ses géniteurs, en principe avec le géniteur de sexe opposé.

Pour illustrer sa nouvelle thèse, Freud va utiliser le mythe d'Œdipe qui a tué son père et est devenu l'amant de sa mère. Quel coupable idéal, ce parricide et fils incestueux ! L'enfant, dit Freud, vit, en fantasme, la même histoire. Le problème, c'est que Freud interprète à l'envers l'histoire d'Œdipe, dont il inverse le sens. Relisons *Œdipe Roi*, de Sophocle :

Œdipe naît des œuvres du roi Laïos et de la reine Jocaste. Ceux-ci, voyant qu'ils ont un fils, s'empressent de vouloir le faire mourir car un oracle a dit à Laïos : « Si tu as un fils, il te tuera et deviendra l'amant de sa mère. » Le couple criminel abandonne le nouveau-né pour qu'il soit dévoré par une bête sauvage, après avoir pris la précaution de lui percer les talons avec une tige de fer, pour s'assurer qu'il ne se sauvera pas ! Mais Œdipe est sauvé par un berger qui le confie à des parents adoptifs. Devenu adulte, il entend parler de la malédiction qui pèse sur lui. Or, il n'a précisément aucun désir de tuer son père et de devenir l'amant de sa mère, il s'enfuit alors, ignorant que ceux qu'il considère comme ses parents ne sont pas ses géniteurs. Comment peut-on considérer qu'Œdipe témoignerait des pulsions que Freud croit déceler dans l'inconscient des enfants, alors même qu'il fuit pour ne pas commettre des actes qu'il estime épouvantables ?

Mais plus intéressant encore : l'on s'étonne que Freud, ni aucun psychanalyste « orthodoxe », ne se soit posé la question, pourtant fondamentale car sinon il n'y aurait pas d'histoire, de savoir d'où venait cet oracle condamnant Œdipe à un sort cruel. La réponse, pourtant, existe comment comprendre qu'elle reste à ce point confidentielle ? Le mythe raconte en effet que le roi Laïos, dans sa jeunesse, avait été accueilli à la cour d'un autre roi. Ce dernier avait un fils que Laïos violera et ce jeune garçon se suicidera de honte. C'est alors que les dieux disent à Laïos : « Tu as violé un enfant qui en est mort. Pour te punir, si tu as un fils, il te tuera et deviendra l'amant de sa mère. »

L'histoire d'Œdipe est donc non celle d'un coupable, mais celle d'un enfant victime de parents criminels qui ont voulu tuer leur enfant, pour échapper à une sanction dont l'origine est un crime du père, commis contre un autre enfant. Le renversement de l'histoire par Freud et le passage sous silence du crime commis par le père, va évidemment renforcer la protection des parents et encourager cette longue répétition qui fait payer aux enfants les fautes de leurs géniteurs.

## Jésus, l'enfant primordial

Revenons à la Bible et au récit de la Genèse. Le premier enfant, Caïn, tue son frère. Funeste commencement qui fait du premier enfant le premier meurtrier. Ce premier crime, naturellement, en inaugure une longue liste. On relève à cette occasion qu'Adam et Ève n'ont pas été des parents à la hauteur : le moins que l'on puisse dire, c'est qu'ils n'ont pas su faire le bonheur de leurs enfants, on ne s'étonnera donc pas que ces insuffisances parentales se transmettent de génération en génération. Et si le vrai péché originel était l'incapacité, plus ou moins grande, des parents, à gérer les rapports avec leurs enfants ?

Mais Adam et Ève ont des circonstances atténuantes : pouvaient-ils être de bons parents, dès lors que l'Éternel les avait créés adultes ? Les premiers parents, en effet, n'ont pas été enfants. Peut-on devenir des parents suffisamment bons, si on n'a pas été des enfants suffisamment bien traités ?

Cette configuration originaire pourrait nous rendre très pessimistes sur la capacité fondamentale des humains à faire le bonheur de leurs enfants. Mais nous relevons que, dans l'Ancien Testament, il arrive que Dieu reconnaisse qu'Il s'est trompé et qu'Il s'en repente . Dieu s'est peut-être dit :« J'ai fait des premiers parents qui n'ont pas été enfants, cela n'a pas pu marcher. Recommençons donc par l'enfant ! Moi Dieu, expression de la parentalité absolue, je vais aller à la rencontre des humains en m'incarnant dans un enfant. »

Si cette parentalité originaire, totale, s'incarne dans un enfant, l'histoire de l'humanité recommence par un enfant. Et c'est bien le sens du message évangélique : Jésus, incarnation de Dieu, naît d'une mère de chair et de sang. Il a un père d'adoption et je vous renvoie à Françoise Dolto : « Tous les pères sont d'adoption. » Jésus est un enfant, avec une vie et des comportements d'enfant, dont les évangiles de l'enfance portent témoignage. Jésus va grandir et parlera de l'enfance en des termes d'une absolue nouveauté qui sont autant de métaphores pour nous dire que tout doit repartir de l'enfance. Ce discours parfaitement en rupture, place l'enfant au centre et refonde l'histoire de l'humanité.

Si nous ajoutons que Jésus, ressuscité, annonce l'abolition de la mort, il n'est plus besoin de craindre, fût-ce inconsciemment, les enfants qui par leur venue annonceraient la mort des parents.

Ainsi l'Évangile, ici en plein accord avec les enseignements de la clinique, nous propose des voies qui pourraient nous permettre sinon de faire le bonheur de nos enfants, du moins de cesser de faire leur malheur : considérer que les enfants n'appartiennent pas à leurs parents mais à eux-mêmes, à leur future liberté, les respecter d'une façon absolue en tant qu'ils sont sujets de même valeur que les grands.

Les parents n'ont fait que transmettre la vie et ils n'ont de droits sur leurs enfants que pour pouvoir assumer les devoirs qu'ils ont envers eux. Dans une église, nous considérons les autres comme des sœurs et des frères, des égaux quels que soient leur âge, leur instruction, leur richesse, leur position sociale, la couleur de leur peau. J'ajouterai : quel que soit leur âge.

Ici, ma fille est aussi ma sœur, mon fils est aussi mon frère. Peut-être est-ce du côté d'une parentalité « fraternelle » que l'on doit chercher le bonheur des enfants.

*

**Caroline Eliacheff**

Pensez-vous vraiment que les parents maltraitants feraient le malheur de leurs enfants ?

**Pierre Lassus**

Le fait d'affirmer cela n'entraîne pas qu'*a contrario* ils pourraient faire leur bonheur. Ce sont les enfants qui peuvent construire leur bonheur. La seule chose que peuvent faire les parents, c'est ne pas les empêcher de le faire.

Quand on est confronté au réel, à des situations d'enfants qui ont été détruits par les relations toxiques de ce que j'appelle les *systèmes familiaux destructeurs*, je ne doute pas que des parents peuvent faire le malheur de leurs enfants. Je parle bien sûr de cas extrêmes, d'enfants massacrés psychiquement, sous une emprise perverse, et qui ne peuvent pas s'en sortir si on ne les aide pas, si la société ne se substitue pas à une parentalité qui n'a pas été en mesure d'assumer son rôle.

Je ne juge d'ailleurs pas ce qui s'est passé pour les parents. On parle beaucoup de la « répétition transgénérationnelle de la maltraitance ». Cela ne veut pas dire fort heureusement que si on a été un enfant maltraité on va forcément devenir un parent maltraitant ! En revanche, depuis trente ans que je travaille avec des enfants maltraités et que je côtoie des parents maltraitants, je peux témoigner que je n'ai jamais rencontré de parent maltraitant qui n'ait pas été un enfant maltraité, pas une seule fois !

**Alain Houziaux**

Au moment de la crise d'adolescence, les enfants passent-ils par une période de « malheur » ? Et cette période de malheur leur est-elle nécessaire pour pouvoir être heureux ensuite ?

**Pierre Lassus**

L'adolescent a une problématique particulière : c'est très difficile de changer, de grandir et d'accéder au stade de l'adulte. La confrontation avec les parents, qui fixent les limites et le vide nécessaire entre eux n'est pas en soi négative, bien au contraire. Crise, révolte, affirmation de soi peuvent alors être des étapes qui ne sont pas forcément douloureuses. C'est plutôt bon signe. Tout dépend de la façon dont cela s'exprime, et s'il y a derrière cela une souffrance profonde ou non.

# LES QUATRE DEVOIRS DES PARENTS

**par Pauline Bebe**

Si l'on reprend le titre de cet ouvrage : « Peut-on faire le bonheur de ses enfants ? », une première question se pose : Comment définir le bonheur ? L'origine du mot bonheur est le bon moment. Elle fait référence à la chance et la question telle qu'elle est posée présuppose que le bonheur n'est pas un hasard, une chance, mais plutôt le résultat d'une action, qu'il n'est pas une donnée mais qu'il est « façonnable » comme le dit Roger Martin du Gard : « Le bonheur, ça n'est pas une timbale qu'on décroche, c'est surtout une aptitude, je crois. » Si l'on pose la question « peut-on faire le bonheur de ses enfants ? », cela signifie que le bonheur est déterminé par une aptitude, une certaine vision du monde, une *Weltanschauung*.

Je voudrais articuler ma réflexion autour de quatre points qui correspondent à une obligation talmudique selon laquelle les parents se doivent d'enseigner trois ou quatre choses à leurs enfants. Et si l'on n'a pas d'enfant, ce qui est aussi une possibilité envisagée par le Talmud, la loi orale, les élèves sont considérés comme des enfants. Les quatre devoirs des parents envers les enfants sont les suivants : enseigner la Torah, s'assurer que les enfants ont un métier, les amener sous la *houpa*, c'est-à-dire le dais nuptial, et enfin, et c'est optionnel pour certains rabbins, leur apprendre à nager.

Revenons sur ces quatre devoirs.

## Transmettre une tradition

Le premier devoir est celui de la transmission de la Torah : la Torah c'est l'enseignement, pour la communauté juive. Le mot désigne, dans son acception restreinte, le Pentateuque, les cinq premiers livres de la Bible, de la Genèse au Deutéronome. Plus largement, le mot fait référence à la Bible et si l'on veut étendre cette idée au-delà de la tradition juive, on peut dire que c'est une tradition que les parents doivent enseigner à leurs enfants. Soulignons que cette tradition se présente sous la forme d'un livre de référence qui, comme l'ont déjà souligné Caroline Eliacheff et Pierre Lassus, donne des repères à l'enfant. Il est important que l'ultime référence ne soit pas les parents eux-mêmes, ce qui permet d'exprimer ainsi une forme de transcendance. Le parent fait référence à une autorité au-delà de lui-même. Le parent est faillible. Le parent peut se tromper. L'infaillibilité est de l'ordre de l'idéal mais pas du réel. Le parent n'est pas tout-puissant. On se trompe, on commet des erreurs, et on nous montre que Dieu se trompe, commet des erreurs et peut revenir sur ce qui a été décidé.

La Torah raconte une histoire. Elle est importante en tant qu'Histoire puisqu'il s'agit du rapprochement de l'enfant à une mémoire collective, à des racines. Et, de même qu'un arbre ne peut vivre sans racines, dans la tradition juive, un enfant doit avoir des racines, connaître son histoire, ne pas être dé-raciné. D'ailleurs, en hébreu le mot « racine » est le même mot que le mot principe.

La Bible a été écrite à des époques différentes, par des auteurs différents mais on y fait référence comme à un livre unique ou d'une tradition unique. À ce propos, on peut se demander en quoi le monothéisme constitue une révolution. En quoi le monothéisme peut-il être un modèle d'éducation susceptible de s'appliquer aux traditions juive, chrétienne, musulmane ? Lorsque le polythéisme existait – il existe encore d'ailleurs dans certaines parties du monde – on allait consulter tel ou tel dieu en fonction de ses besoins : la pluie ; le soleil ; l'amour ; la guerre ; la mer ; la réussite en affaires ; la fertilité. Selon le besoin, on allait consulter un dieu en particulier. Et lorsqu'il y avait une bataille entre les tribus qui chacune avait son dieu, et que l'une des tribus l'emportait, on adoptait le dieu de la tribu victorieuse. Mais les besoins de chacun pouvaient être différents voire antagoniques, selon la personne qui faisait la demande, selon le lieu, selon les circonstances. Dans un système polythéiste, on assiste donc à un relativisme total.

Quelle est l'implication dans le domaine de l'éducation ? On sait qu'un enfant, pour obtenir une permission va d'un parent à l'autre, c'est-à-dire d'une source d'autorité à l'autre, pour ainsi dire d'un dieu à un autre dieu. Si les dieux ne sont pas d'accord, cette dissension crée une confusion chez l'enfant. Il ne s'agit pas de dire qu'il faut un monolithisme parfait, aucune différence d'interprétation ou de points de vue mais sur des points fondamentaux, il est important que les parents se mettent d'accord. Cet accord des parents implique une négociation pour obtenir ce message unique sur les points fondamentaux et cette négociation implique aussi nécessairement une renonciation à une toute-puissance de chaque parent afin qu'ils se réfèrent à une éthique commune.

Cette renonciation est celle aussi des dieux polythéistes pour que le monothéisme puisse prévaloir. Le dieu de la pluie et le dieu du soleil n'ont pas les mêmes intérêts, et le message unique est source de stabilité. On sait combien il est déstabilisant pour un parent d'entendre son enfant dire que l'autre parent a dit l'inverse de ce qu'il a dit. Et pour l'enfant aussi.

Le monothéisme de la tradition juive est un monothéisme éthique ; il ne suffit pas d'avoir un message unique, encore faut-il que ce message entraîne vers le bien. Le judaïsme enseigne l'importance de l'accomplissement de bons actes, d'actes de construction. Hillel résume ainsi cette idée dans le Talmud : « Ne fais pas à ton prochain ce que tu ne voudrais pas qu'il te fasse » et aussi : « Si je ne suis pas pour moi, qui le sera et si je ne suis que pour moi, qui suis-je, et si ce n'est pas maintenant, alors quand ? » L'enseignement de l'éthique passe par la renonciation à l'égoïsme. Il faut que je m'aime moi, mais il faut en même temps que j'aime aussi les autres, que je me tourne vers les autres pour avoir un comportement éthique. Le psychanalyste Éric Fromm écrit : « Donner procure plus de joie que de recevoir parce que dans l'acte de donner réside l'expression de mon caractère vivant. » Peut-être pourrions-nous dire que le bonheur ne se situe pas dans le domaine de l'avoir – sauf pour ce qui est nécessaire et essentiel (un toit, de la nourriture) – mais plutôt de l'être.

Toujours dans l'enseignement, les lois sont fondamentales, de même que les commandements, qu'ils soient positifs ou négatifs, c'est-à-dire les commandements qui se présentent sous la forme de l'ordre « tu feras » ou de l'interdit « tu ne feras pas ». Les interdits sont aussi importants que les devoirs. Cela ne signifie pas qu'on ne doit pas laisser de place au spontané mais dans un cadre, une structure, en gardant le principe du juste milieu. En ce qui concerne le désir et le plaisir, le judaïsme se place dans un juste milieu entre un hédonisme qui n'aurait pas de lois, si ce n'est la satisfaction du désir, et une doctrine platonicienne de la séparation de l'âme et du corps qui considère que le désir est tabou et dans laquelle il n'est pas reconnu.

Dans le judaïsme, le désir est en revanche reconnu, il n'est pas tabou mais il est encadré par des lois. Abraham Heschel, rabbin et philosophe disait : « L'objectif de la loi, c'est d'être la grammaire de la vie. » Si l'on poursuit cette métaphore, on peut dire que la plume a des règles et pourtant elle peut écrire son histoire. Les règles d'écriture devraient être données par les parents, mais l'enfant écrit son propre livre : sa vie.

L'insistance sur l'étude est importante parce qu'elle signifie aussi la remise en question permanente. L'enfant apprend, le parent apprend par l'enfant aussi. Bergson disait : « Exister consiste à changer » et le Livre, l'enseignement est un enseignement des parents aux enfants mais aussi du parent qui continue à se former toute sa vie et qui reste en cela un peu enfant. Il s'agit d'un échange entre l'enfant et le parent avec une distance nécessaire, nous reviendrons plus tard sur le cinquième commandement.

## Faire bon usage du travail

Un métier, c'est le deuxième élément que les parents doivent enseigner à leurs enfants. Tout du moins doivent-ils faire en sorte que les enfants acquièrent un métier. Le métier signifie en premier lieu l'importance du travail dans la dimension de la vie d'adulte. Je suis ici obligée d'aborder l'interprétation de l'épisode du jardin d'Éden qui se trouve dans le livre de la Genèse. Le travail est mentionné à la sortie de ce jardin. J'ai dit tout à l'heure qu'Adam et Ève pouvaient être définis comme des enfants à l'intérieur du jardin d'Éden parce qu'à l'intérieur de ce jardin, ils ont tout ce qui leur faut ; ils n'ont pas besoin de travailler pour obtenir de la nourriture. Des exégètes de la Bible et aussi des psychanalystes ont pu dire que le jardin d'Éden était comparable à l'utérus où l'enfant n'a pas besoin de se battre pour obtenir sa nourriture et où il ne connaît pas la différence entre le bien et le mal.

Cet arbre qui est au milieu du jardin, appelé l'Arbre de la connaissance du bien et du mal, est le test de Dieu comme le test d'un parent qui va dire « il ne faut pas que tu touches à cela » tout en sachant que l'enfant va transgresser l'ordre. Dans cette lecture positive et non négative du jardin d'Éden, on décrit Dieu comme souhaitant que Adam et Ève quittent le jardin pour que l'Histoire puisse commencer. La désobéissance d'Adam et Ève n'est pas appelée « péché originel » dans la tradition juive, mais « faux-pas » puisqu'il nous apparaît être un acte positif de tout enfant qui grandit et transgresse l'ordre de ses parents.

De la transgression de l'ordre divin, provient la connaissance du bien et du mal puisque les yeux d'Adam et Ève vont se dessiller. Ils deviennent adultes. Ils sont expulsés du jardin d'Éden sans pouvoir y retourner comme de l'utérus et ils doivent travailler pour vivre. L'ordre de reproduction « croissez et multipliez » est d'ailleurs donné par Dieu avant la sortie du jardin d'Éden et, selon des textes rabbiniques, Adam et Ève auraient même eu des enfants avant leur sortie du jardin.

Le travail signifie aussi l'indépendance, la liberté, le fait de pouvoir financièrement se passer des parents, de lutter contre ce rapport fusionnel avec un modèle divin qui est celui du *Tsimtsoum*, c'est-à-dire du retrait : selon la tradition juive, Dieu s'est retiré du monde pour laisser l'être humain continuer, parfaire sa création. Le parallélisme peut être établi avec un rite particulier, celui de la *bar* ou *bat-mitswa*, de la majorité religieuse, pendant lequel les parents transmettent la responsabilité à l'enfant et où, autrefois, il existait une bénédiction prononcée par le père, puisque le père avait la responsabilité légale de l'enfant : « Je te remercie, Éternel mon Dieu, de m'avoir délivré de la responsabilité de cet enfant » ; une prière sans doute prononcée à contrecœur puisque le parent éprouvait parfois des difficultés à renoncer à cette responsabilité. La prière était prononcée publiquement pour bien montrer que l'enfant prenait son indépendance et qu'il était dorénavant responsable des commandements.

Le travail signifie aussi le rôle dans la société, le lien à la société, le lien social. On nous dit qu'il ne faut pas nous séparer de la communauté, on peut dire aussi de la société. Il s'agit de la place de l'individu dans la société, autrement dit « la situation » dans le double sens du mot, la situation dans l'espace et la position dans la société : se poser. L'enfant, pour reprendre cette image de l'arbre, a des racines puis doit se développer.

Le travail n'est pas seulement l'acquisition de l'indépendance et d'un métier. Faire en sorte que son enfant ait un métier peut signifier aussi lui apprendre un certain rapport au travail, la modération dans le travail. L'arrêt d'une course effrénée du désir. Dans *le Traité des Principes*, qui fait partie de la tradition orale du judaïsme et qui date des premiers siècles de notre ère, il est dit : « Qui est riche ? Celui qui est content de son sort », on pourrait dire aussi : « Qui est heureux ? Celui qui est content de son sort. » Cela ne signifie pas que l'on supprime le désir d'aller plus loin, la volonté d'amélioration, mais on supprime cette idée de toujours vouloir plus, sans jamais être satisfait de ce que l'on a. Oscar Wilde disait : « Dans ce monde, il n'y a que deux tragédies : l'une est de ne pas obtenir ce que l'on veut, l'autre est de l'obtenir. » Cette course insatiable, cette insatisfaction permanente devraient être freinées. Une histoire rabbinique raconte que le roi Salomon demande à un bijoutier de lui fabriquer une bague magique qui le réconforterait quand il serait déprimé et qui l'assagirait lorsqu'il serait trop joyeux. Le bijoutier confectionne une telle bague avec cette inscription : « Cela aussi passera ! »

Enseigner un métier, c'est aussi enseigner les limites du travail. Dans l'injonction de travailler que l'on trouve à la fois à la sortie du jardin d'Éden et dans les Dix Paroles, le *shabbath*, la sanctification du temps, l'arrêt du tourbillon de la vie est une nécessité. Sinon le travail se transforme en esclavage (la même racine en hébreu exprime les deux idées – *avoda*, *avdouth* : l'esclavage est une perversion du travail). Ce rapport au temps est exprimé de manière ironique par Raymond Devos : « Est-ce que c'est en remettant toujours au lendemain la catastrophe que nous pourrions faire le jour même que nous l'éviterions ? » Cette idée de sanctification du temps est très présente dans la tradition juive. Ces temps différents vont aider à marquer le temps, à ne pas courir trop vite. Une histoire hassidique dépeint un étudiant courant pour aller rejoindre son maître et s'abreuver de ses paroles. Le maître l'admoneste en lui disant : « Mais tu n'es qu'un idiot, tu ne devrais pas courir ainsi, est-ce que seulement tu as pris le temps de lever les yeux et de contempler les étoiles ? » L'enfant a un sens inné de l'émerveillement, il découvre, il s'étonne, il s'émerveille : le chant des oiseaux, le soleil qui se lève, un sourire, un brin d'herbe, la sensation du vent. En grandissant, nous perdons cette capacité d'émerveillement, tout devient banal. Dans cette rubrique du métier et de la limite du travail, on peut inclure aussi le fait de maintenir le sens de l'émerveillement de l'enfant. C'est par les fêtes que le judaïsme maintient cet émerveillement, par le recul hebdomadaire du *shabbath*.

L'énonciation de bénédictions aussi permet de ne rien considérer comme acquis, comme allant de soi. Ces bénédictions – paroles qui précèdent l'action – sont autant de moments de prise de conscience et de remerciements, manière de mettre un délai entre un désir et son assouvissement – la parole intervenant entre les deux. Tous ces temps d'arrêt sont particulièrement importants dans un monde qui va trop vite, où les emplois du temps des enfants sont surchargés, et où il n'y a souvent plus de temps pour la réflexion personnelle. Je voudrais ici citer mon père (*zikhono livekhakha*, de mémoire bénie) qui était pédiatre et qui écrit dans son livre à propos de l'enfant : « Dès que son regard sera capable de dépasser son environnement immédiat, montrez-lui la mer, les montagnes et leur immensité, montrez-lui la nuit et le ciel étoilé, faites-lui entrevoir l'infini [1]. »

## Préparer à la vie de couple

Troisième devoir des parents, la *houpa*, le dais nuptial. Le parent doit enseigner à l'enfant qu'« il n'est pas bon d'être seul », comme le dit le texte de la Genèse. Les parents doivent faire en sorte que l'enfant puisse trouver un conjoint. On dit que même Dieu a souffert de la solitude et que c'est à cause de cette souffrance que Dieu a

1. Docteur Maurice Bebe, *Votre enfant m'intéresse ! Manuel de pédiatrie à l'usage des parents qui doutent*, Sand, 1998, p. 131.

créé l'être humain pour lui tenir compagnie. Les parents doivent se mettre en situation de pouvoir mener un enfant sous le dais nuptial. Pendant cette cérémonie les interdits sexuels sont rappelés ; ils sont mentionnés régulièrement dans la tradition juive, en particulier celui de l'inceste. L'enfant sait qu'il ne peut épouser ses parents. Cela l'incite à trouver l'envers de la solitude, un remède à la solitude à l'extérieur de la famille. Il doit ainsi faire une différence entre l'amour filial et la relation amoureuse et comprendre le respect des parents en dehors d'un rapport fusionnel.

Il n'y a pas d'autosuffisance de l'enfant non plus ; sa toute-puissance est limitée dans la mesure où l'on affirme le besoin de l'autre. Il doit apprendre à vivre avec l'autre, la négociation, les compromis et non pas les compromissions. À propos du cinquième commandement : « Tu honoreras [ou tu respecteras] ton père et ta mère », le mot hébreu *kabed* signifie « le poids ». Respecter, c'est donner du poids. Cela ne signifie pas être d'accord avec. Si un parent se comporte mal, on ne demande pas à l'enfant d'accepter son comportement, ni de le suivre – sujet qui est beaucoup discuté dans la loi orale –, en revanche on lui demande de lui donner du poids – pas trop de poids ni trop peu de poids.

## Réagir face aux obstacles

Quatrième devoir, la natation. Il faut resituer ce conseil dans son époque : au moment où s'élaborait la loi talmudique, on voyageait souvent en bateau. Le danger était les tempêtes, il fallait donc savoir nager. Si l'on transpose cette idée au monde d'aujourd'hui, on peut dire que savoir nager, c'est savoir se sortir de dangers, faire face à un danger, s'adapter parce qu'au fond nager, c'est nager dans des eaux différentes et puis peut-être surtout savoir apprécier la vie, la sienne et celle des autres. Le Talmud dit : « Celui qui sauve une vie, c'est comme s'il avait sauvé le monde entier. »

La Torah, l'enseignement, un métier, un conjoint, nager – le bonheur n'est pas le résultat d'un hasard mais d'une intention. La tradition hébraïque fait un jeu de mots par un changement de voyelles entre *banaïkh*, tes enfants et *bonhaïkh*, tes constructeurs. Les enfants sont des bâtisseurs. Les parents jettent des fondations. Le mot père : *av*, signifie aussi principe. Les parents donnent un cadre, des principes. On nous dit aussi dans le Talmud qu'une génération se trouve sur les épaules d'une autre génération, c'est-à-dire qu'elle voit peut-être plus loin. En tout cas, elle voit différemment.

Peut-on faire le bonheur de ses enfants ? On peut se poser la question de savoir si le bonheur des enfants est nécessairement celui des parents. Les parents peuvent peut-être enseigner les règles du bonheur, sans doute pas son contenu. Pour reprendre l'image de l'arbre planté qui a ses racines, il se nourrit par la sève de ses valeurs mais il s'épanouit dans un coin de ciel un peu différent de celui de ses ancêtres.

*

**Alain Houziaux**

L'interdit de l'inceste est posé dès les premières pages de la Bible. Philippe Julien, dans *Tu quitteras ton père et ta mère*[2], affirme que, pour être heureux, l'enfant doit quitter père et mère, et que le devoir premier des parents est de faire en sorte que les enfants y parviennent. Il pose aussi cette question : « Comment les parents

2. Philippe Julien, *op. cit.*

peuvent-ils transmettre à leurs enfants cette aptitude à les quitter ? »

**Pauline Bebe**

Dans la tradition juive, la prière centrale de l'office dit : « Dieu d'Abraham, Dieu d'Isaac, Dieu de Jacob… » On répète le mot Dieu parce que, dans la Genèse, on voit que chaque génération a dû recreuser les puits que la génération précédente avait creusés, car ils avaient été rebouchés. Isaac, fils d'Abraham, n'avait pas la même conception de Dieu que son père. Or, c'est le même Dieu, mais chacun a besoin de faire son propre chemin pour y arriver, car chaque rencontre est différente.

C'est peut-être le sens de ce texte : la rupture est nécessaire, même si ce n'est pas sous la forme d'une crise spectaculaire. Mais la remise en question du chemin fait par les parents est nécessaire pour que l'enfant trouve son propre chemin d'adulte.

**Caroline Eliacheff**

À partir du moment où il y a une telle injonction, et un tel interdit de l'inceste, c'est qu'il y a un problème. Ce n'est pas la tendance naturelle, il faut donc le dire lourdement. D'autre part, on ne transmet pas toujours ce que l'on veut. Quand on a un premier enfant, on a toutes sortes d'idées sur ce que l'on veut transmettre, ce qu'il faut transmettre... Et pourtant on transmet beaucoup de choses que l'on n'a pas souhaité transmettre, et c'est bien la crainte de beaucoup de parents.

Il faut d'abord s'appliquer à soi-même ces choses que l'on veut transmettre. Avons-nous quitté nos parents ? Et ce que nous affirmons si fort, sommes-nous certains que, inconsciemment, c'est bien cela que nous voulons ?

**Pierre Lassus**

Cette transmission n'est pas maîtrisable, en effet. On en voit quelquefois seulement les effets. Dans la Bible, lorsque Sarah devient mère, elle change de nom. Avant, elle se nommait Saraï, ce qui signifie « ma princesse » : elle était la princesse de son père. Pour devenir mère, elle a dû couper quelque chose du lien qui la retenait à son père, et le changement de nom en est un symbole.

**Pauline Bebe**

Le modèle que l'on a dans la Bible ne fonctionne que s'il y a un certain ordre : des limites à ne pas franchir – c'est l'histoire de la Tour de Babel, où la limite de l'humanité est réaffirmée. Le *tohu-bohu*, la confusion qui précède la création est synonyme de chaos.

## DÉBAT

**Alain Houziaux**

Que se passe-t-il lorsque les parents sont en conflit sur ce qu'il importe de transmettre aux enfants ?

**Caroline Eliacheff**

Quand on est deux adultes, c'est justement notre différence qui est importante pour les enfants. Dans la vie quotidienne, si on n'est pas d'accord, l'important c'est que l'un ne l'emporte pas totalement sur l'autre. Sur l'éducation comme sur beaucoup de sujets, il faut des compromis. Si on explique à un enfant que ses parents ont du mal à s'entendre, il est tout à fait capable de le comprendre. À l'inverse, ce n'est pas drôle pour lui d'avoir des parents tout le temps d'accord sur tout : on ne peut pas les mettre en conflit !

Il ne faut pas mélanger non plus le désaccord du couple et celui qui peut exister entre ses membres en tant que parents. Il y a des couples qui ne s'entendent plus en tant que tels, mais qui restent en accord en ce qui concerne l'éducation de l'enfant, et réciproquement. Il y a là deux niveaux qui doivent être distingués.

Aujourd'hui, comme on n'a plus un enfant totalement par hasard, il faudrait donc tenter de se mettre d'accord avant de le concevoir sur un certain nombre de points, ou au moins de mesurer ce que les désaccords entraîneraient.

**Pierre Lassus**

L'existence de désaccords entre les parents n'est pas forcément négative. Si ceux-ci arrivent à les exprimer dans un climat qui ne soit pas destructeur du fait de la violence, les enfants en retireront une richesse en entendant des paroles différentes. Si on bascule dans la négation de l'autre qui est toujours présente derrière la violence, cela devient plus problématique : les parents qui n'expriment rien, ou qui expriment autre chose que ce qu'ils ressentent ne créent pas des conditions favorables à la construction psychique et affective de l'enfant. En revanche, l'enfant pourra retirer un bénéfice réel d'un environnement où la confrontation existe. S'il y a de l'amour authentique entre les parents, l'enfant sera enrichi de ce sentiment, comme il l'est par l'expression de tout sentiment – joie, tristesse, plaisir, déplaisir – dont il a à faire l'apprentissage.

**Alain Houziaux**

Le romancier Patrick Modiano dit : « Comme ce serait étrange si les enfants connaissaient leurs parents tels qu'ils étaient avant leur naissance, quand ils n'étaient pas encore parents mais tout simplement eux-mêmes. » Alors, avec ses enfants, faut-il être d'abord « parent » ou d'abord « soi-même » ?

**Pierre Lassus**

Cette question ne me parle pas vraiment parce que c'est une spéculation. Les parents sont tels au regard de l'enfant. En revanche, la capacité des parents à être eux-mêmes importe pour que l'enfant se donne la permission d'être lui-même. Mais il faut se demander : « Où en sont les parents ? » Lorsqu'un enfant va mal, c'est souvent parce qu'il réagit comme il le peut à un environnement familial difficile. Or, la première réaction est de le soigner, lui, alors que souvent, ce sont les parents qu'il faudrait soigner, pour que les enfants aillent bien ! Donc, pour parvenir à faire le bonheur de nos enfants, il faut songer à faire notre propre bonheur : « Suis-je en harmonie avec mon histoire ? »

**Caroline Eliacheff**

La phrase de Modiano est extrêmement profonde. C'est celle d'un créateur qui a gardé en lui une part d'enfance. On ne peut pas la citer sans se souvenir que Patrick Modiano n'est pas n'importe qui, car il consacre toute son œuvre à rechercher ce qui s'est passé avant sa naissance, ce que ni lui ni ses parents n'ont vécu. Il rejoint une question fréquente des enfants : « Où étais-je quand je n'étais pas né ? » C'est une question embarrassante, parce qu'on n'a pas envie de dire à un enfant : « Tu n'existais pas. » Or l'enfant pose cette question des origines pour s'entendre dire qu'il a toujours été là. Peut-être l'a-t-il toujours été, dans le désir de ses parents, quand eux-mêmes étaient enfant, on ne sait pas ?

**Alain Houziaux**

Je vous livre une autre citation, de Christian Bobin : « Les enfants, ça pousse même à travers nos erreurs. » Que pensez-vous de ces paroles à la fois encourageantes et désinvoltes ?

**Pauline Bebe**

Le « ça » de la formulation ne me convient pas bien. Même avec un petit, la relation doit être faite de respect. Un enfant ne s'élève pas tout seul ; il a besoin de parents, de guides, de voies à suivre, même si ce ne sont pas les bonnes. J'ai rencontré récemment un homme dont la mère avait été violente avec lui au point de tenter plusieurs fois de le tuer. Devenu adulte, lorsque sa mère est décédée, il ne pouvait lui dire que son amour. Le père ou la mère ont beau avoir plongé dans la folie et dans le mal, l'amour de l'enfant pour ses parents est là quand même.

**Alain Houziaux**

Comment expliquer que la manière d'être parent soit aussi différente selon les époques ou les contextes culturels ?

**Pierre Lassus**

On note tout de même des principes communs universels, même s'ils s'expriment sous des formes différentes : l'interdit de l'inceste, par exemple, ou la construction de l'Œdipe.

**Caroline Eliacheff**

Une des constantes de l'attitude des parents est aussi le devoir de protection. L'être humain ne peut survivre sans protection. Ainsi subsistent des invariants dans l'éducation, même si elle est également sujette aux effets de mode comme en témoignent les traités de puériculture d'il y a trente ou cinquante ans. Ces modes sont conditionnées par des discours savants, qui passent eux aussi. La question est de savoir si ce qui est invariant pèse plus que les changements provoqués par la conjoncture.

**Alain Houziaux**

L'évangile de Luc raconte une étonnante parabole familiale. Le fils prodigue dilapide ses biens et, n'ayant plus tien à manger, s'en retourne vers son père qui, tout à la joie de le revoir, organise un festin pour son retour. Cette initiative suscite le désarroi du frère aîné consciencieux, travailleur et fidèle à son père. Le fils prodigue du Nouveau Testament a-t-il été heureux ?

**Pierre Lassus**

J'ai toujours lu cette histoire avec beaucoup de jubilation car je la trouve très positive. Celui qui a l'air malheureux, c'est l'aîné, celui qui est resté. Quant au fils prodigue, on peut penser qu'il n'a pas été heureux, puisqu'il revient chez son père, un peu « penaud ». Le père a d'ailleurs une attitude très pertinente qui me fait penser à celle des parents de Jésus, lorsque, à douze ans, il est resté au Temple. Ils ne le grondent pas quand ils le retrouvent mais comprennent qu'il avait besoin d'autre chose, d'une autre parole, et ils l'acceptent. Ce sont des images très fortes de retrait des parents.

On retrouve cette attitude de retrait dans la loi parentale des Dix Commandements. Cette loi est gravée dans la pierre parce qu'il faut enlever de la matière à la pierre pour la graver. Si on écrit sur un papier, on ajoute de la matière sur un support. L'image du Dieu qui donne sa loi en son bien, les deux tablettes de pierre, est intéressante. De la même façon, comme l'a montré Alain Houziaux dans l'introduction de cet ouvrage, on dit dans le récit de la Genèse que Dieu crée en se retirant, laissant ainsi à ses enfants Adam et Ève la responsabilité de continuer la Création.

## Table des matières

Composition : Facompo, Lisieux

Achevé d'imprimer par Corlet, Imprimeur, S.A.
14110 Condé-sur-Noireau
N° d'éditeur : 5591 – N° fab. : 5691
N° d'imprimeur : 73109
Dépôt légal : septembre 2003
*Imprimé en France*